いいわけごはん

杏耶

iiwakegohan

presented by AYA

幻冬舎コミックス

いいわけごはん

目次

装丁
橋本清香
(caro design)

カバーイラスト
杏耶

担当編集
髙松千比己
(幻冬舎コミックス)

1回表 とろ～り煮玉子

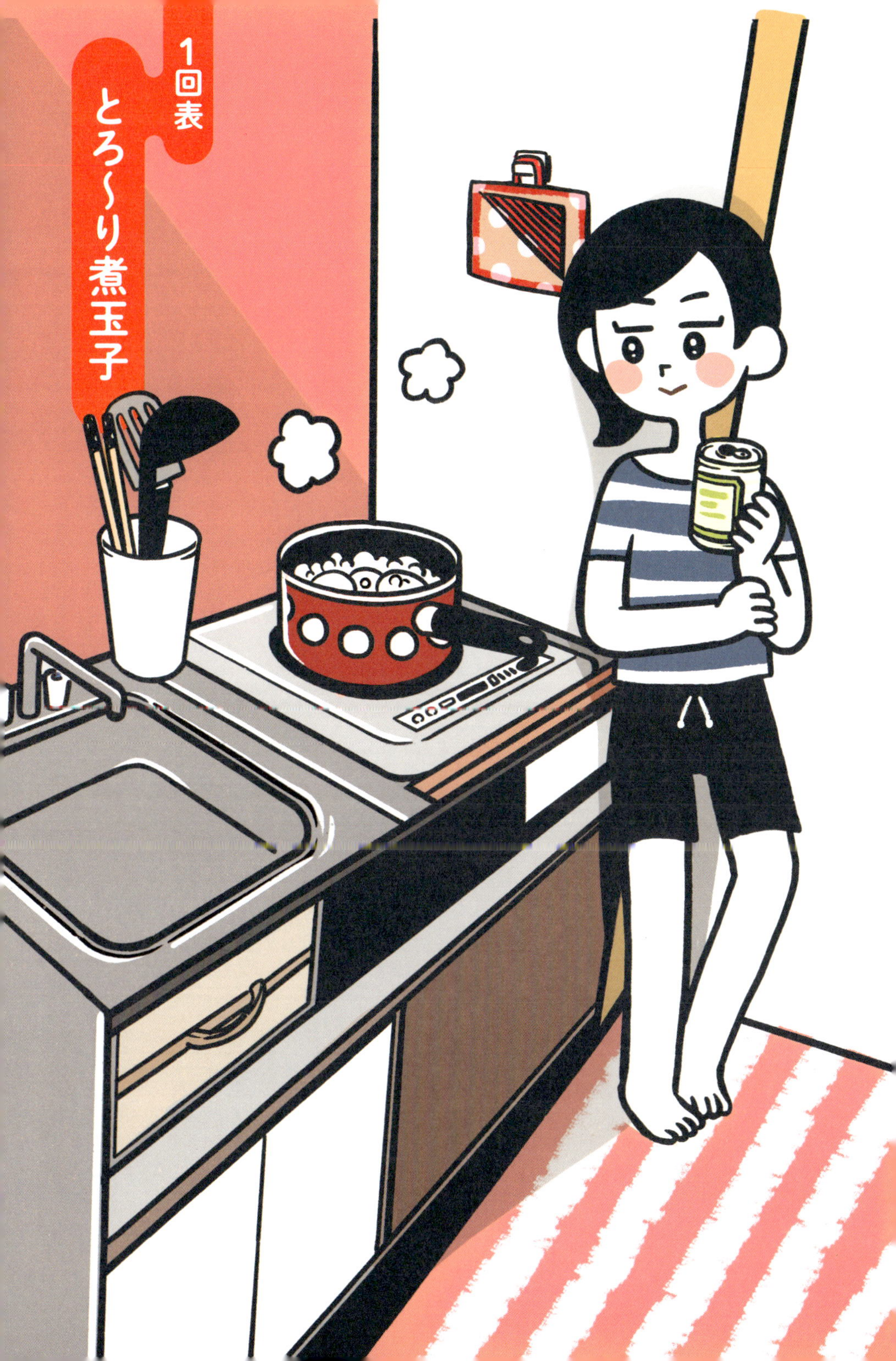

ガクッ
はっ
終電に飛び乗り
乗り継ぎ1回
40分かけて帰る
乗り越しそうになり
毎回焦って降りる
東急電鉄
花々丘
今日は間に合うか？
ダッ
ダッ
チラッ
よし！まだ開いてる！

くっ！今日もダメだった！
USA
まっくら〜〜〜
ガーン
お腹空いたな…
疲れた足で家路について
パチッ
鏡に映るテカった顔を見ながら
冷蔵庫に作っていた煮卵があることを思い出した
思い出して良かった〜
むにっ

その前に食べる気力を回復・・・
だら〜〜っ
ぐったり…
カパッ
本当はこんな時間に飲んではいけないけど
簡単にできると思っていた煮玉子が意外に難しく
煮玉子にはこれが必要だから・・・
仕方なく…
"KARAKUCHI"
Asahi
"DRY"
生
ひょこっ
煮卵を作るのにハマってしまった私
ふむふむ…
これが5分の卵…
もぐもぐ

そして極めたのがこの「とろ~り煮玉子」
"KARAKUCHI"
ゴクッ
背徳感でより美味しそうに見える…
この時間の魔力っっっ

ぷっ
とろ〜り〜
ぽたっ
あっ
パク
おいっしいい!

メロリン8月新刊
いかバトルおもしろ
担当の漫画家は締め切り当日にゲームを実況したり
先生、進捗どうですか？
入社から通算4個目のカバン崩壊
カバンの底ってこんな風にぬけるのねミ。
合コンに呼ばれたが校了のため辞退彼氏いない期間更新
元カレが思い出せない
ボヤ〜
そして実はお風呂に2日入っていない
よねたさーんねないでー
帰ることもできなかった。。
そんな日々も美味しいものを食べたら
実はそんな嫌な思いはしてなかったんじゃないのかなって思える

美味しいものは
人生の活力だ
って言い訳にして
この時間に食べ飲みしたら
ダメだとはわかってるんです
アラサーなので!!!
じぃー
でも!!
そして
飲む!
明日こそ
スーパーに
行かなきゃ…
にしても
美味しい
はふぅ

とろ〜り煮玉子

卵・・4個

漬け液
- 醤油・・40cc
- みりん・・40cc
- 砂糖・・小さじ1

1 常温の卵のおしりに針で穴を開ける

2 沸騰した鍋に入れて30秒くらい静かに転がす

6分ゆでる

3 氷水に入れる
殻を剥く

4 漬け液に1日漬ける
(半日でも可)

輪切り唐辛子や
ごま油を入れるのも
おすすめ！

おわり

1回裏 後まわしラタトゥユ

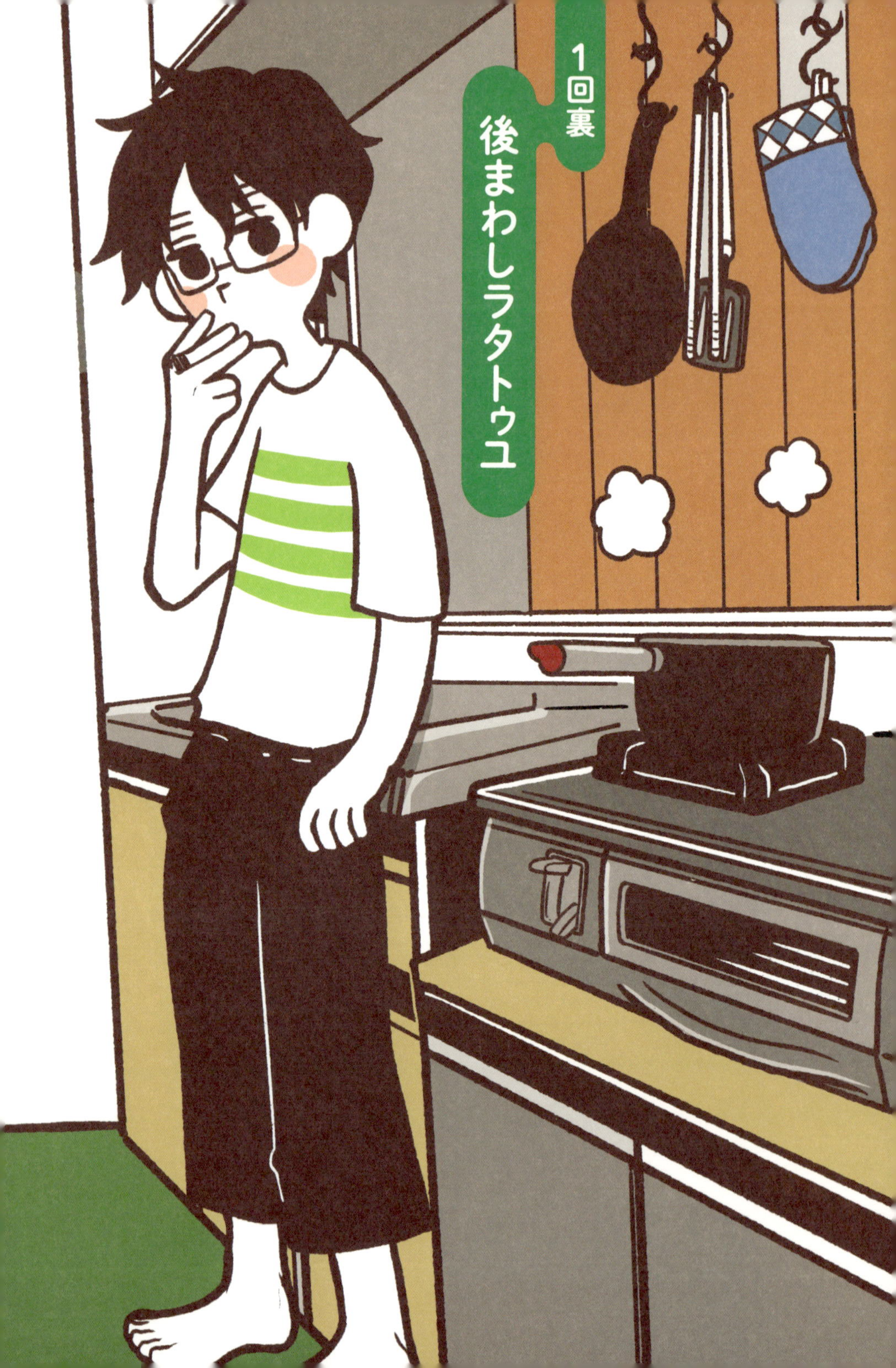

ピピピ
ピッ。。
もぞっ
8時か・・・
夜の8時
これが仮眠からの
起床時間だ
カラッ
何もない
チャッ
そこから
朝4時まで
仕事をする
フリーデザイナーの
不規則な生活だ
ねむっ・・・ん？
タッ
スタスタスタ

ピューー
あっ いつもの急いでる人…
ガーーッ
閉店時間だしな
トコトコ
ザァ〜〜
ドサッ
USA
これで一週間は生きていける
ポキッ
のび〜〜
締め切り前のカンヅメ仕事…
さて 買ってきた弁当を
いただきます
…

これを食べたら仕事をしなきゃなんだよな…
から
あげ〜
イヤだ…
ポチッ…
ガタッ
そうだ何か作ろう！
今からずっと作業だしずっとお弁当ばかりも身体に悪いしフリーランスは身体が資本だし！
ガタッ
ダッ
とはいえ今日はあまり時間をかけないものを・・
うん。。
まずは野菜を切る
ザク
ザク
オリーブオイルで手羽先を焼く
塩、コショウで下味をつける
じゅゅゅゅゅ

じゃ
ぢゃっ
手羽先に両面焼き目をつけたら
オリーブオイルを追加して
野菜を入れて炒める
カット
since 1930
240g
そこにトマトと
水と調味料を入れ
10分煮る
なんか…俺
カチッ
最近逃げながら
生きてるな
仕事
したくない
その他
（今回は料理）
社会人に
なってから
ふぅぅ…
嫌でも明日は来る
だから少しでも
いい日にできるように
少しの
「いいこと」を
作るようにしてる

グツ
グツ
ほか
ほか
よし、できた
ラタトゥユに肉は入れないが入れてみた
ハフ
ハフ
なぜかというと・・・・
シュッ‥
明日カレーに変化できるから
うっとり。。
カレー大スキ‥

!
ごちそうさま
はー食べた
明日のカレー楽しみだな
パンッ
掃除もしたし
料理もしたし
もう逃げられないか
ギッ…
逃げるのは
悪いことだと
周りは言うけど
ふー…
自分と向き合う時間だと
俺は思うようにしてる
ギュッ…
まぁ言い訳だよね
カチ…
カチ…

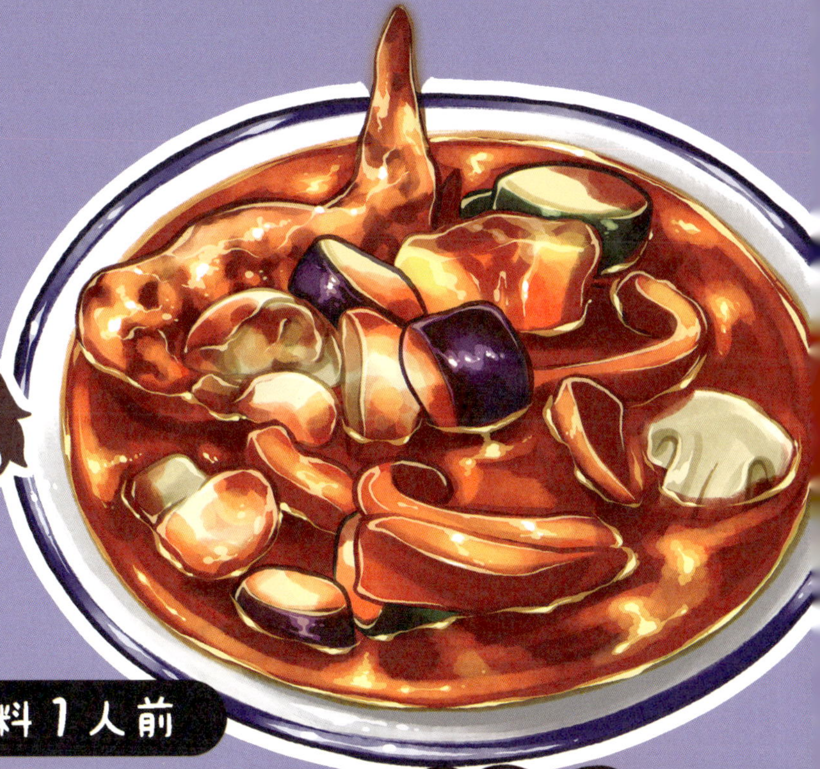

材料1人前

手羽先　2本
塩、コショウ　適量

パプリカ　1／2個
茄子　2本
ズッキーニ1／2本
マッシュルーム5個
トマト缶　1／2缶
コンソメキューブ1個
水　200ml

オススメのアレンジ

カレールーを入れて
欧風カレーにしてみたり

そうめんやうどんなどの
麺類を入れても
とても美味しいです！

肉入り　ラタトゥユ

おわり

iiwakegohan

2回表

部屋でゴロゴロミートボールスパゲティ

数ケ月ぶりの休日
そろそろ休んで…
ボロッ
っと言われたけど結局家で仕事をしている
ハッ!!
私ってば休日の過ごし方を忘れてしまったの?
ガーン!
そういえば後輩が言ってた…
ストレス発散には料理がいいっすよ
へえー
カタカタ
料理か… そういえば最後に家で作って食べたのはあの煮玉子…
ぷはーっ
ハッ!
えー…
よし1回仕事から離れよう!
ガタッ!

バーーン!!
まずはこの冷蔵庫の主
いつの日かの挽き肉!
これを解凍して
チン!!
いのるのぉ…
コネ
コネ
玉ねぎとパン粉と
卵と塩コショウでタネを作り
あっ大丈夫そう…
熱したフライパンに
油をひき、焼く
じゅわぁあぁ
ほか
ほか
火が通ったら
一旦お皿にあげておく
ふふふ…
本当ならここで
このミートボールで
一杯というとこだが…
今回はもうひと手間!

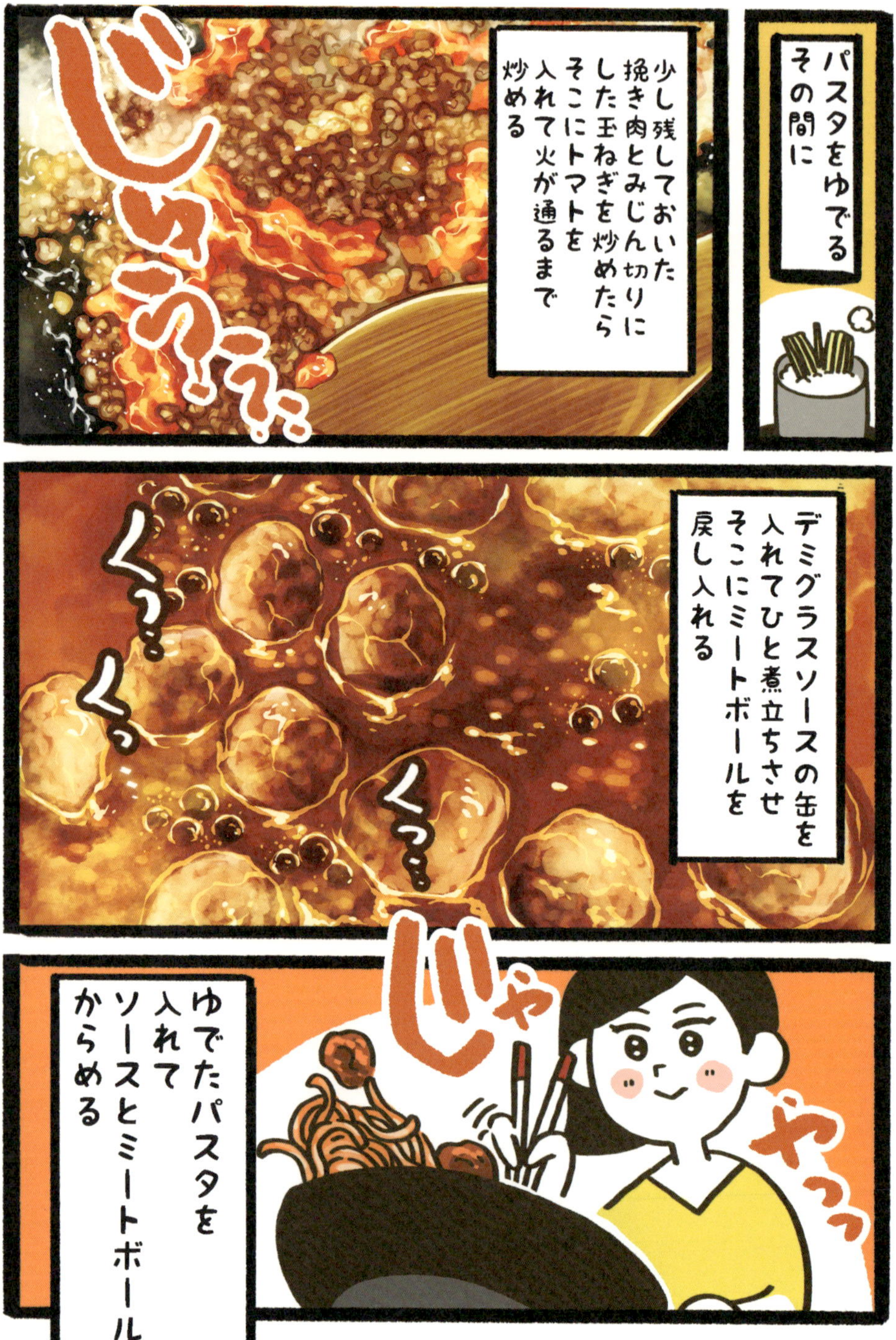
パスタをゆでる
その間に
少し残しておいた挽き肉とみじん切りにした玉ねぎを炒めたらそこにトマトを入れて火が通るまで炒める
じゅう〜〜
デミグラスソースの缶を入れてひと煮立ちさせそこにミートボールを戻し入れる
くっ…
くっ…
くっ…
ゆでたパスタを入れてソースとミートボールとからめる
じゃ
やっっっ

バン！
レンジで加熱した
ピーマンをのせパルメザンチーズ
乾燥パセリをふりかけて
完成！
おおっ
ちゅるんっ
もぐもぐ
濃厚ソースがパスタと絡んで美味しい！
ゴクッ
カチッ
カチッ
そしてこの冷蔵庫の主
挽き肉を使った
ミートボール…
アレ…

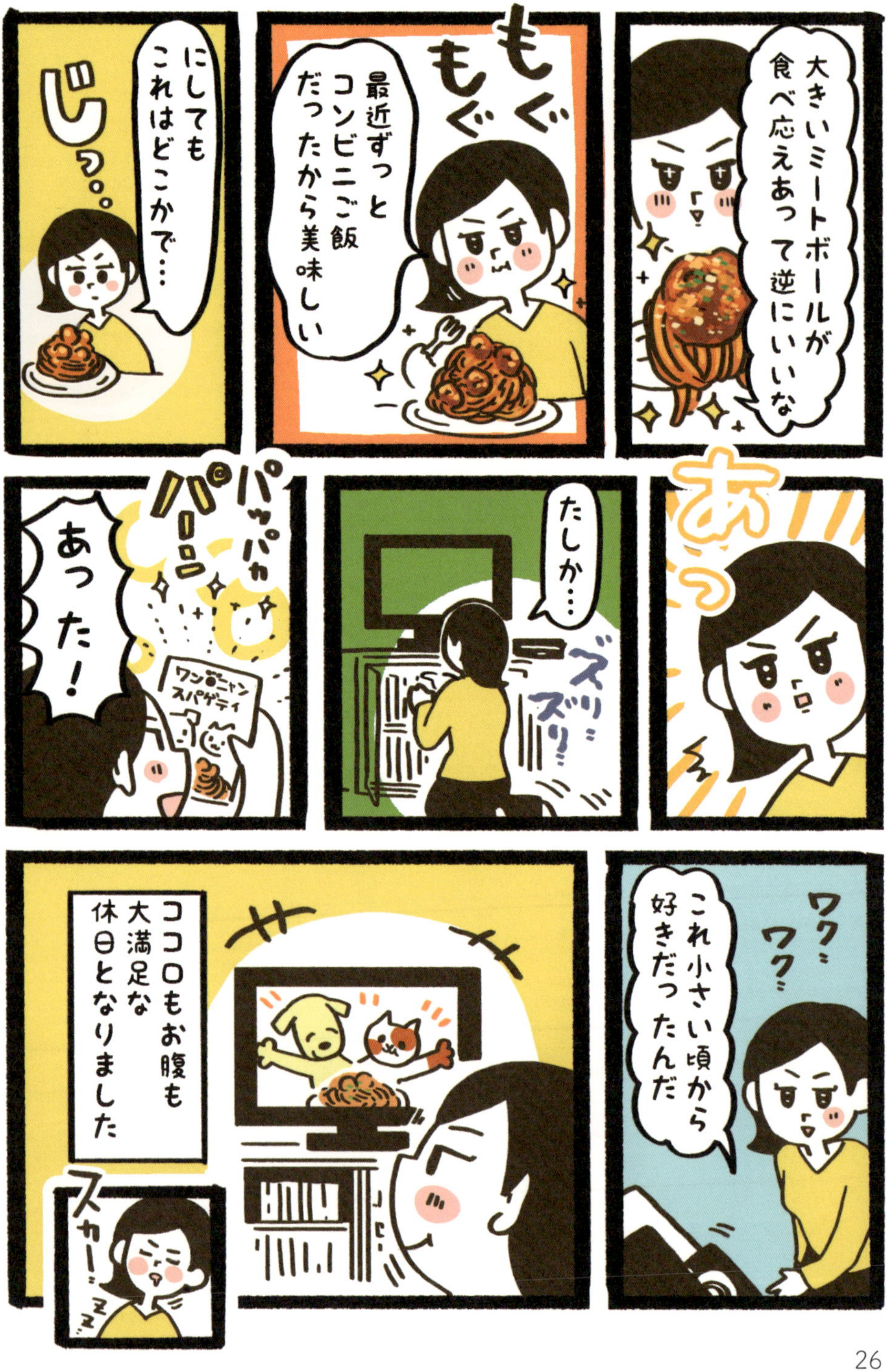
大きいミートボールが食べ応えあって逆にいいな
もぐもぐ
最近ずっとコンビニご飯だったから美味しい
じっ。。。
にしてもこれはどこかで…
あっ
たしか…
ズリズリ
パッパカパーン
あった!
ワンニャンスパゲティ
ワクワク
これ小さい頃から好きだったんだ
ココロもお腹も大満足な休日となりました
スカー
zzz

大盛!! ミートボールスパゲティ

材料1人前

★ミートボール
牛豚合挽き肉100g
塩ひとつまみ
粗挽きコショウ　適量
パン粉　大さじ2
卵1個

★麺
乾燥パスタ　100g

★ソース
牛豚合挽き肉100g
玉ねぎ1／2個
トマト1個
デミグラスソース1／2缶

★飾り付け
ピーマン　適量

おわり

2回裏
公園のんびりカツサンド

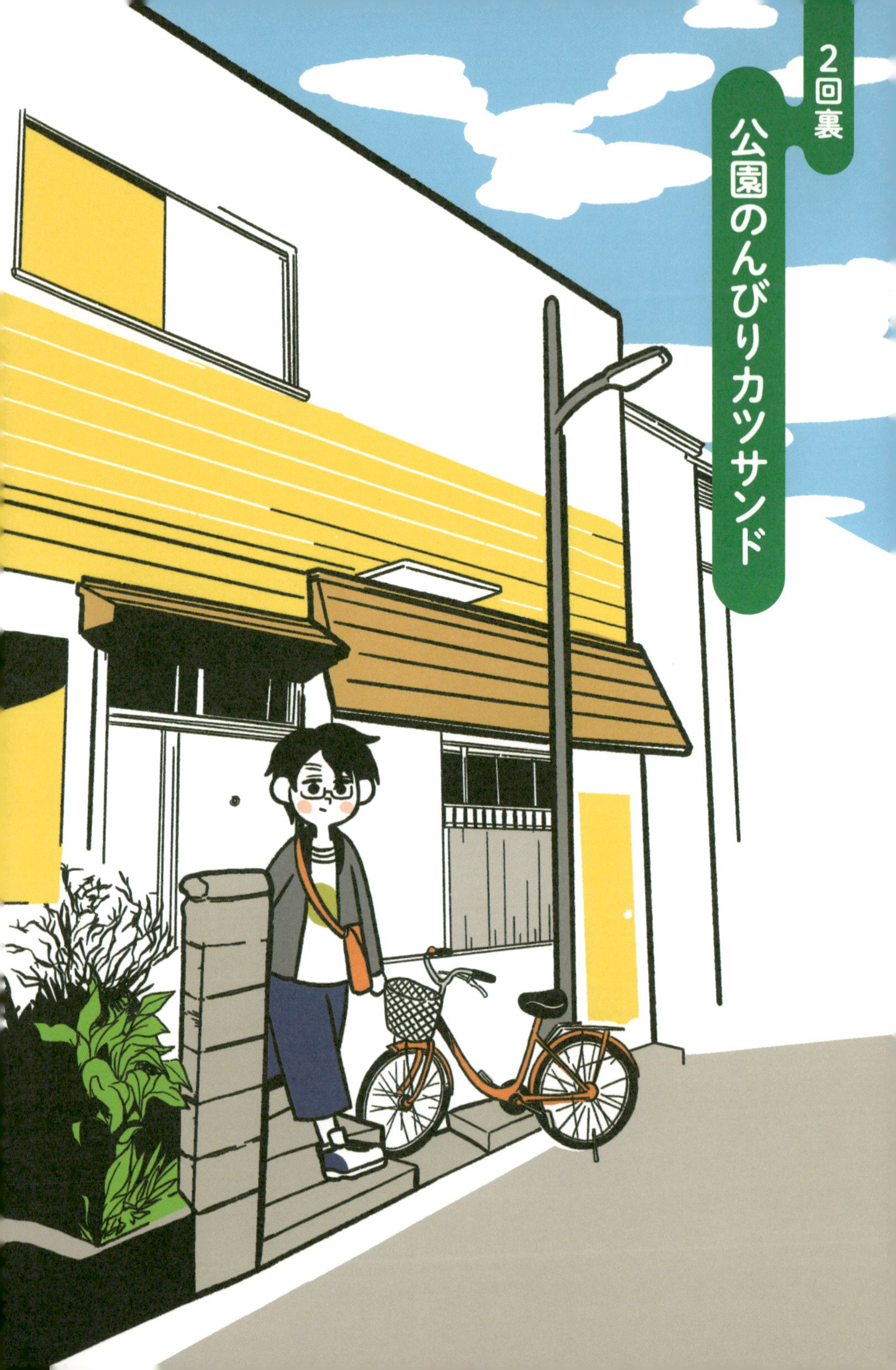

ハァ
ハァ
ッターン
送信完了
ハァ…
ハァ…
ハァ…
ハァ…
終わった・・・
ギィ…
これで今回は終了・・・
よっこいしょ…
もう5時か
眠たくないし
今回もこのまま
作るか・・・
ビニール袋に
ロース肉とマヨネーズ
塩、コショウを入れて揉みこむ
無
ロース肉にパン粉を
つけ
パンパンっと

油を入れたフライパンできつね色になるまで揚げる
ジュアァァ
パンにマヨネーズを塗り千切りキャベツをのせる
最近野菜不足だしたっぷりと・・・
揚げたカツの油を切る
カラ
カツの両面にソースを塗る
キャベツの上にのせ、その上からパンで挟む
重しをのせて2つに切る
!!!
お弁当箱に詰め込み完成！
ボリボリ…
よし支度するか

お弁当とドリンクを持ち
ガチャ
電車にのり15分
仕事明けにいつも来る大きな公園
ねむ…
よし空いてる。
コトッ…
いただきます
サクッ!
んー疲れた身体に広がる栄養

ワイ
キャッ
ワイ
キャッ
午前中でも人がいるもんだな
!
はらり…
弁当とドリンク、本を持って少し遠くの公園へ
…
いつも家ばかりにいるから休みの日くらいは外でご飯を食べる、これがいつものコース
スッ…
ぱたん…
やっぱり外はいいなぁ
ギャー
キャッキャッ
うっ…
うるさ…っ
たまには…だな

カツサンド

ソースにからしを少し混ぜる
ちょい足しアレンジも
オススメ！

材料1人前

★カツ
豚ロース肉　100g
マヨネーズ　大さじ1
塩、コショウ 適量
卵の溶いた液1個分
パン粉　50g

★キャベツの千切り　お好きな量

★食パン（6枚切り）2枚

★調味料
ソース　適量

おわり

iiwakegohan

3回表
アジのたたきの腕磨き

パラッ…
スッ
ん?
魚かぁ…
USA 鮮魚祭!
そういえば最近食べてないなぁ
ん──…
っと買いに来てみたら
これは思ってた以上に良いものだな!
キラキラ

これは買いだな！
カチカチ…
…これは
調理、下処理
いたします
うーん…
どうしよう…
…いや…でも今日は
自分でやろう
ふるふる…
腕がなまらないように
しないとな…
どうやって食べようか…
刺身…
なめろう…
塩焼き…
あ、レジ袋いらないです
迷うな…

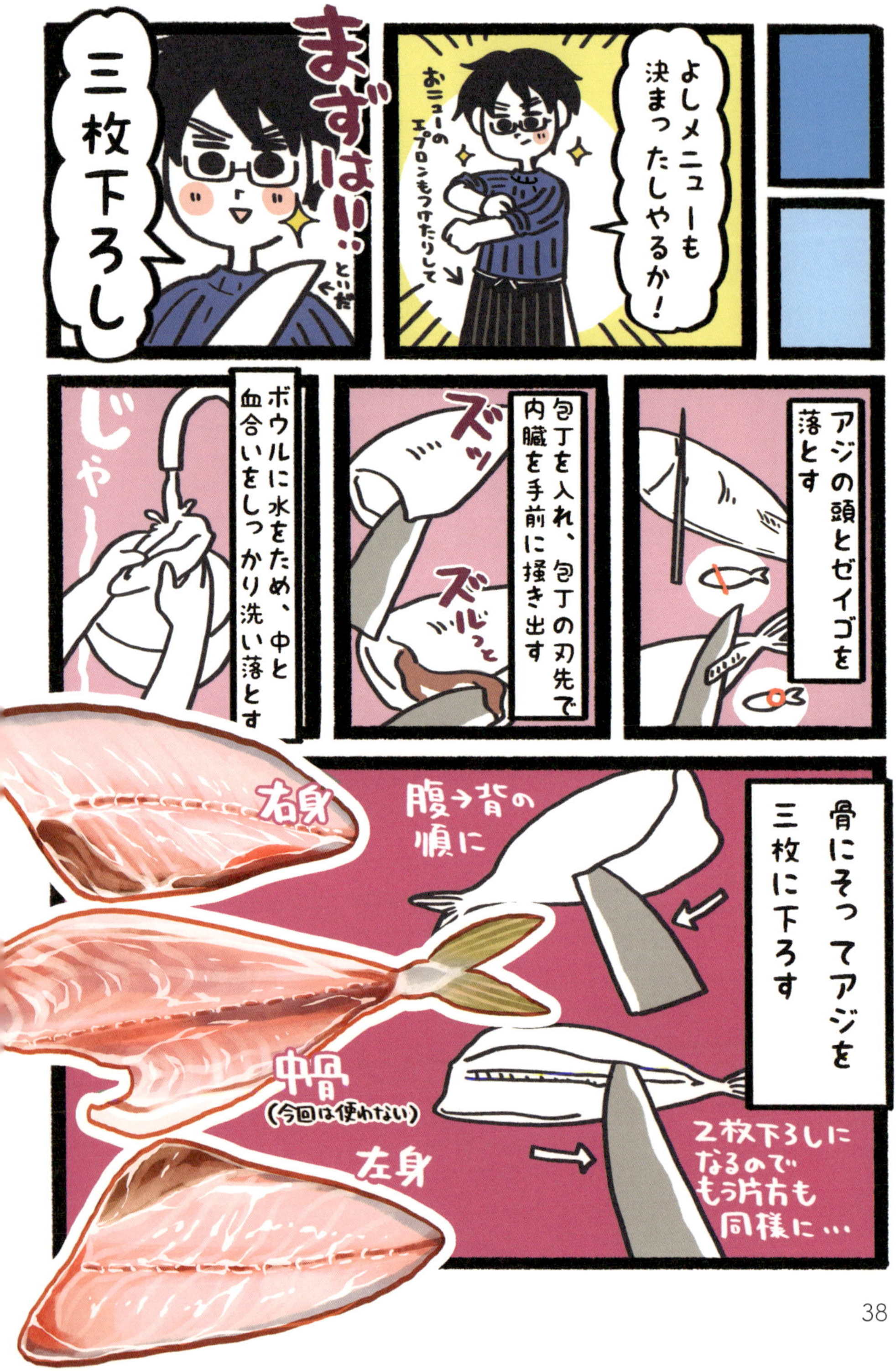
よしメニューも決まったしやるか！
おニューのエプロンもつけたりして
まずは!!
といだ
三枚下ろし
アジの頭とゼイゴを落とす
包丁を入れ、包丁の刃先で内臓を手前に掻き出す
ズッ
ズルっと
ボウルに水をため、中と血合いをしっかり洗い落とす
じゃ〜
骨にそってアジを三枚に下ろす
腹→背の順に
2枚下ろしになるのでもう片方も同様に…
右身
中骨
（今回は使わない）
左身

久しぶりに捌いてみたが
……
思ってたよりも身が少ない…
…うん これは後日の課題にするとして
アジを細切りにして薬味と合わせて軽く叩く
更に大葉をのせ盛り付けて上から白ごまをふりかけレバ
パラ
パラ
アジのたたき完成！
なんとか形にできた…
ド
それにしてもこれは酒に合いそうだな
だが俺は酒に弱い…

だから
俺には
カチッ
米だ
いただきます
はぐっ
ねと…
もぐ
もぐ
アジの脂と米の相性最高だな！
身の弾力といい…これはたたきにして正解だ…
んが！！
しかし三枚下ろしが思ってたより難しかったな
ゴクン…
いや…
俺には伸び代があるってことだな…
うん

お茶漬けにして食べても美味しいです
その時に柚子コショウを少し入れるとなお良しです
材料1人前
アジ　1匹
ねぎ　1/5本
しょうがすりおろし…小さじ2
大葉　2枚
醤油　適量

アジのたたき

おわり

iiwakegohan

3回裏
月見とアジ南蛮

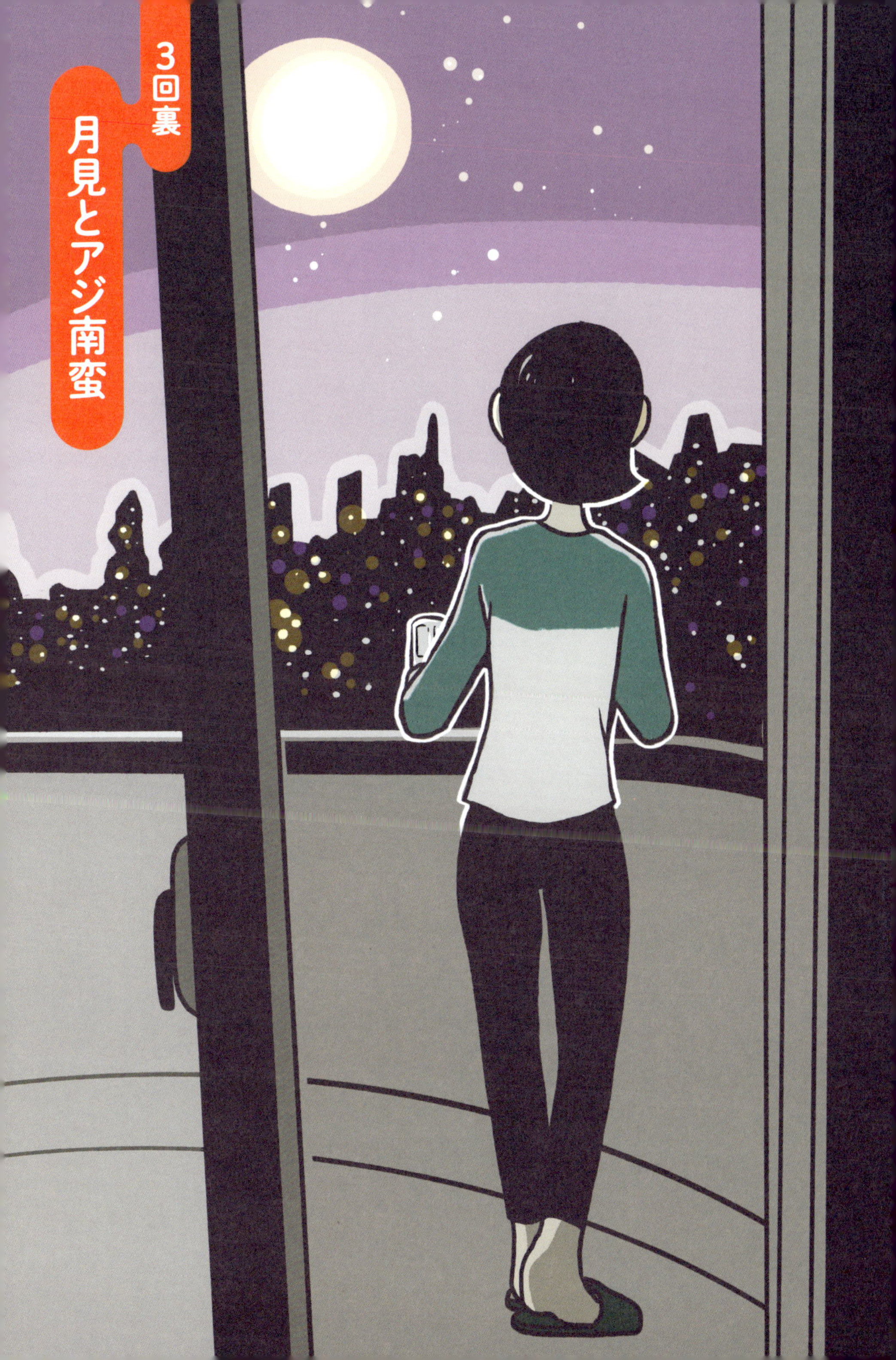

すかー…
ぐらぐら
ふあ〜
プシュー…
……
!
どっ
ぷちっ
303
あちゃー……
USA鮮魚祭
ひらりっ
USA鮮魚祭!
これ…今日のか…
カンッ
カンッ
へーアジがオススメね〜
じゃーっっ
うちに頂いた日本酒があるし…お魚で一杯もいいなぁ
でもまずは…
ふーっ
バターーン
スャ

！
ん……
もうこんな時間か…
はっ!!
あじっ
とりあえずダッシュッ
売りきれてたらどうしよ！
！
そ〜〜〜っと
目玉!
おさしみに!!
あじ一匹100
やっぱり…
チーン…
氷がとけて池のように…
カラッ
ん…
切り身…

ハッ…!!
べ…別に刺身が
食べたいわけじゃ
なかったし…
ぐっ
さばくのは
メンドくさいし
生ゴミも増える…
切り身なら
洗い物も少なくなるし
これは切り身が
得策だ!
!
HOUSE
にんじん、ピーマン
玉ねぎを千切りに
する
トトトト
600wのレンジで
2分チンする
ブーン…
野菜が熱いうちに
調味液と混ぜる
すっ…
すっぱい
香りで
むせそう…
アジを食べやすいサイズに切り
片栗粉をまぶす
ぽふっ
ぽ
ふっ

揚げ焼きにして
じゅ〜〜〜〜〜〜
これも熱いうちに調味液に入れる
っと、漬け込んでる間に
パタ
パタ
ベランダへ移動っ
食べる
ガラッ
準備をっと
そろそろかな…
ワク ワク
パカっと
10分漬け込んだら
しっとり…
アジの南蛮漬けの完成

あ、いい感じ
これをしたかった…
月見酒…
お魚の身のしっとり感と野菜のシャキシャキ感のバランスが最高〜
甘酢の塩梅もちょうどいい！
もぐもぐ…
そして…
お疲れ！私！
ぐびっ

アジの南蛮漬け

材料１人前

アジの切り身　２枚
片栗粉　大さじ２
玉ねぎ　１／４個
にんじん　１／４個
ピーマン　１／２個

★調味液
酢　１００cc
砂糖　大さじ２
醤油　小さじ２
和風だしの素　小さじ１

鮭や鶏肉とかでも
代用できます！
私もお財布事情と
相談しながら
アレンジしてます

おわり

iiwakegohan

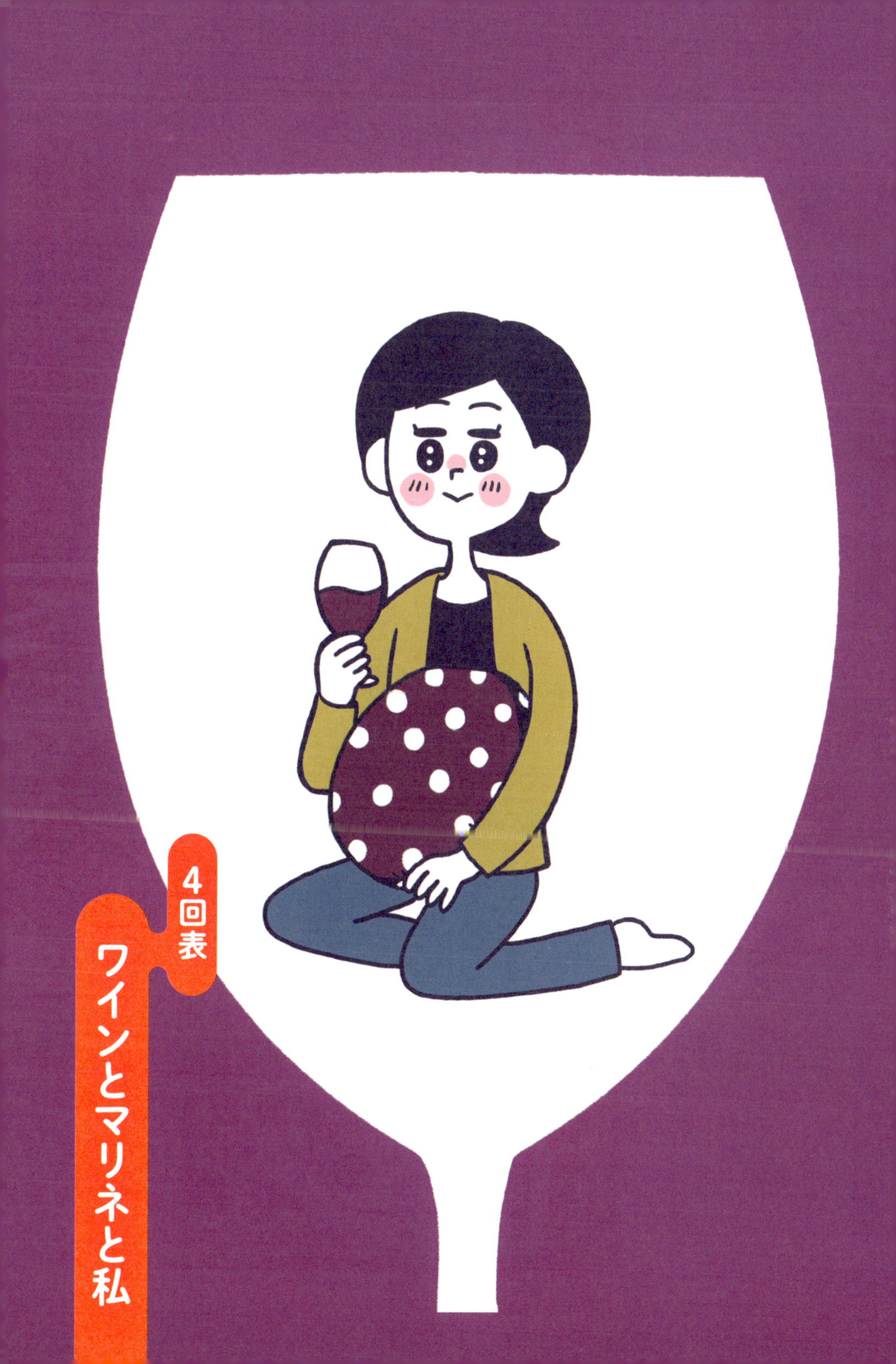

4回表 ワインとマリネと私

先輩そろそろ誕生日でしたよね？
スーッ
あ、今日だっ
プレゼントをご用意しております
カタカタ
じゃーんっ
このワインすごく美味しいんすよ！
え、高そうだけどいいの？
ほしい…
いえいえいつもお世話になってるんで
取引先の人にあげようとしたら5本も買っちゃって
俺酒飲めないし
バカ…
なんで美味しいってわかったわけ？
レビューっす！
で…

良い酒と聞いてしまったら
良いつまみが欲しくなって
買ってきてしまった…
えへへ…
ガサッ…
USA
それもちょっと
お高めの野菜を…
この出費は
不可抗力!
ワイン(私)の為に
美味しい物を作るぞ
まず酢、水、塩、てん菜糖
赤唐辛子を鍋に入れ
煮立たせる
クツ…
クツ…
火からおろして
冷ます
カボチャを600wの
レンジで5分チンしたら
ヘタをとった
トマトと一緒にマリネ液に
漬け込む

30分程度漬け込む
どうしよ…
ガマンできなく なってきた
ドーン
トク トク
少しだけ飲んじゃおっかな…
ゴク…
パッ
うん、美味しい！
香りも私の好きなタイプ！
あいつ良い仕事するわね…
そう
すかー
フフフ…

そろそろかな…
うん！いつも通り美味しい！
できたら粗挽きコショウと乾燥パセリをかけて
パラ
パラ
カボチャとトマトのマリネの完成！
そしてここからが本番！
キュポンッ
トク
トク
トク
トク

いただきます
ぱくっ
もぐもぐ
ん〜この液
本当はピクルス用に
教えてもらったんだけど
短時間の漬け込みなら
マリネにも使えて重宝するわ…
グイッ
んふーっ
ふぅ…結構飲んだな…
いつもなら空にするけど
最近飲みすぎだし…
けど…
まっ！
誕生日ってことで
もらったんだもん
いいよね！
パアアアァ!!
カタ…
カタ…
思い出す
昨年の誕生日…
今年はプレゼントも
もらったし、良い誕生日だよね…

カボチャとトマトのマリネ

1人前材料

カボチャ　80g
ミニトマト　8個程度

★マリネ液
お酢　300ml
鷹の爪　1本
ローリエ　2枚
水　100ml
塩　小さじ1
てん菜糖　50g

★仕上げ
パセリ　適量
粗びきコショウ　適量

このまま1晩漬けたらピクルスになるよ他にもいろんな野菜で試してみてね
ポリッ
ポリッ

おわり

iiwakegohan

4回裏
飲めないけどハッシュドビーフ

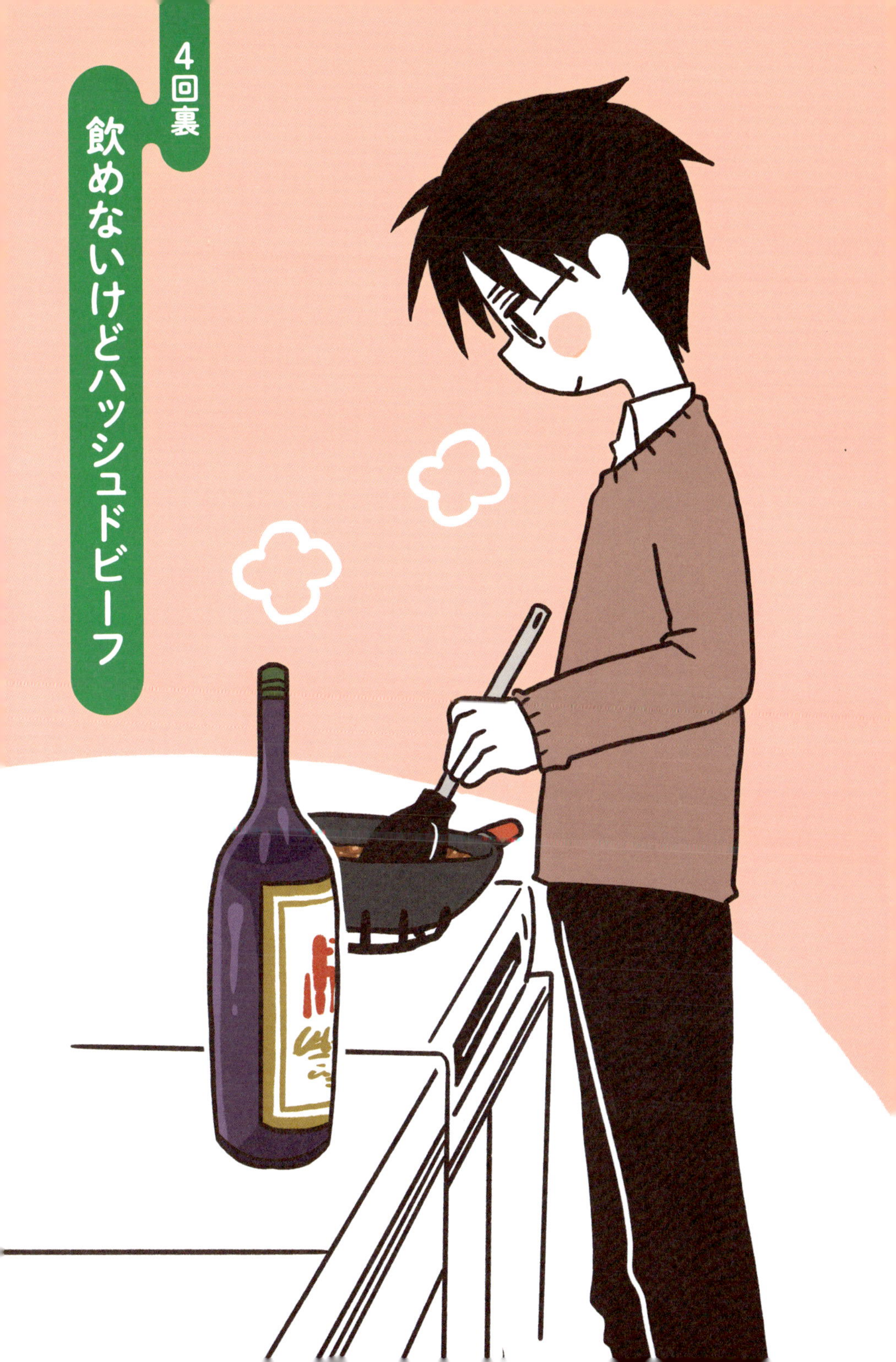

サァー
カタ…
カタ…
ガァ〜〜ン
ガァ〜〜ン
ニャァ〜
もうこんな時間か…
今日はもう終わりにするか
がコン
ん?
たしか、これは…

出版社の人がくれたワイン…
どうぞ!!
これ美味しい(らしい)んで!!
貰ったは良いけど飲めないからな…
ん〜〜
でも捨てるのもいやだ
貰い物だし
ん〜〜…
あっ…!!
よしワインだけじゃなくて冷蔵庫の中で使わないものを一気になくそう
コト…
たしかここにアレとアレが

牛肉に塩、コショウ
小麦粉をまぶして
フライパンで炒める
じゅ〜〜〜っ
玉ねぎを入れ
しんなりするまで
炒める
じゅ
ゅうううっっ
ウスターソースと
ケチャップを入れる
だいぶ
勿体無いこと
してるよな…
トクトク…
そしてここで!
ワインを
贅沢に
入れる!

煮立ったらしめじを入れ
弱火にして10分程度
煮込む
ふ
あっ
ご飯をもり
ハッシュドビーフを
かけてバジルを散らし
生クリームをかけて
完成!
おぉぉっ
ゴクンー!

いつもはデミ缶だけでワインは入れないけど
入れたらこんなに違うのか
あっ メガネがっ
パクッ
こっ…濃いっっ
香りもさることながらコクも段ちがいだ
余り物たちも良い仕事してくれたな…
最初貰って困ったけど…
もぐもぐ
消費もできてこんなに美味しいならもう1本欲しくなるな…

もっと本格的な味にしたい
場合はデミグラスソースの缶を
大さじ3追加して入れると
深みとコクが増します

1人前材料

牛肉薄切り　100g
玉ねぎ　1／3個
しめじ　1／2株

塩　ひとつまみ
コショウ　ふた振り程度

小麦粉　小さじ1／2
ケチャップ　100cc
ウスターソース　50cc
赤ワイン　250ml
生クリーム　小さじ1
バジル　適量

ハッシュドビーフ

おわり

iiwakegohan

5回表

二日酔い解消カレードリア

がゃ
がゃ
ベストグッドデザイン賞
デザイン入賞者
佳作
原田　真紀
佐藤　新太
柿崎　悠太
村山　美希
多田野　か
田中　健
柿崎さん
受賞おめでとうございます
ああ！いえいえそんな

柿崎さん、それって…
僕お酒に弱いので
これアルコール弱いので柿崎さんでも飲めると思いますよ
へぇー
これまだ手をつけて無いのでどうぞ
ゴクン…
…美味しい…

ピッ
スカ
ガッ
ガチャ
スカー

チッ
チッ
チッ
ん゛…
あれ…俺どう帰ってきたんだ…？
ゴロッ
うっ 胸焼け…
これがお酒の楽しさの代償か〜
ゴク
ゴク
ぷは

楽しかったな…多分
ボリ ボリ
でもダルいし何か食べたい
カレーか
今の俺にはウコンが必要だ…でもどうせなら
カレーを電子レンジで1分温める
チン!
耐熱皿にご飯を敷きつめカレーをかける
ドロッ
マヨネーズをかけ卵をのせチーズ、パン粉をふりかける

食べる前に
着えとくか
卵が半熟になるまでオーブントースターで焼く
パセリをかけ
ほわっ
焼きカレードリアの完成!
ゴク…
とろお…
ふー
ふー
ハフッ
ハフッ

あ…
……
フッ…
ジャーッ

カレードリア

1人前材料

カレーの残り　1人分
ご飯　お茶碗1杯分
チーズ　40g
マヨネーズ　適量
卵　1個
パン粉　大さじ1
パセリ　適量

ホワイトソースを入れても美味しいです
追加で粗びきコショウをプラスするとスパイシーに

おわり

iiwakegohan

5回裏 迎え酒粕アイス

今月は進行が厳しかったがみんな頑張った!
カンパーイ
明日は残りの作業がある者だけ頑張れ!
ここ2日飲んでない…
ゴキュゴキュ
もう空っすか…
プハ~
さすが校了明けの米田さんっすね
ワイワイ
当たり前よ~
ワイワイ
編集者が校了明け以外でいつ飲むんだ!
バーン!
今だよっ
おかわりください!!
ほどほどにしてくださいよ…

ゔっ゛
！！
ゔゔ〜〜っ
また飲みすぎてしまった〜
ギギギギ
4次会のAKBまでは記憶はあるんだけど…
今日は帰さないよーっっ
ん゛ー…
ヨロヨロ
トポポ

これからどうしよ…
ウロ
ウロ
風呂に入るか…何か食べるか…
もう一度寝るか…
何かさっぱりしたものを食べてスッキリしたいなぁ~
カラ
アイスは…ない…
・・・・
無いと思ったら無性に食べたーい
アイス!アイス!

酒粕をボウルに入れヘラでペーストにする
これも立派な二日酔い対処法…
今日の私は
迎え酒！
そこに絹ごしどうふを入れ酒粕の粒がなくなるまで混ぜてはちみつを入れ滑らかになるまで混ぜる
保存容器に入れ冷凍庫で3時間程度冷やす
って私はその間に…
カポー！

さっぱりしたー！
ホゎ
ホゎ
ガチャ〜〜
あ…忘れてた
よし！洗濯物片付けちゃお！
ゴゥゥン
ゴゥゥン
ブオオオ

そして！身体に鞭を打った後のご褒美は！
酒粕アイス〜
シャリッ…
ん〜！さっぱり！
でもこれもお酒なのよね…
んふふ…

さっぱりアイスを食べて
スッキリしたら
フフィ～
お腹が空いてきたな…
外は快晴
やる事もしたし…
今日はおしゃれして外で飲も！

酒粕アイス

1人前材料

酒粕　50g
豆腐　半丁
はちみつ　大さじ2

完熟バナナ1本を入れると
お酒感が弱まって
より食べやすい酒粕アイスに
なるよ!

おわり

6回表

コメが際立つ青椒肉絲丼

カタ
カタ
こちら一点物を…
こだわりの食器を使うのにハマる若者が増えているようです
2万円超えはお値段も素敵ですね
にっ2万っ!
こちらがこのお店の人気のお茶碗になります
私なら割れ物に2万は怖くて出せない…
うちの食器は百均で十分かな…
ちらっ

そういえば今日は入金しなきゃいけないんだった
お茶も切れたしついでに買ってこよう
カーン…
カーン…
ガー…
……
ポチポチ
あ… 新刊…
USA
ウィーン…
あっ

ご飯の試食っ
新米
ワラ
すごい
ワラ
でもお米はこの間買っちゃったしな…
そこのお嬢さん！
このお米はおかずもいらないくらい美味しいわよ！
グイ
えっでも
すぐ腐るわけじゃないし！
グィ
今日までのこのお値段！
ググ
まずは一口！
食べてみて！
グイっと

ぐったり…
結局
買わされてしまった…
まぁ確かに美味しかったし
いいか!
さっそく炊いて
みよう!
お米を炊く
今回は早炊きで
ピッ…
牛ロースを
細切りにする
調味料と細切りにした
肉をポリ袋に入れ揉み込む
もーみ
もーみ
パプリカ、ピーマンも
同様に細切りにする

チ
細切りにした牛肉と調味料
野菜、たけのこの水煮を
あえて600Wのレンジで5分加熱する
混ぜ合わせて
追加で1分加熱する
あちっ
あちっ
ピー!!
ご飯の
上にのせて
完成!

いただきます
あーん
もぐ
もぐ
ツンとしたお米と
お肉と野菜とタレが
絡まって おいし〜
ジャキ
ジャキ
美味しいお米を
勧めてくれて
ありがとう…
これで百均の茶碗も
2万以上の価値に
なったぞ！
でも
あれば欲しい…

チンジャオロース丼

1人前材料

牛ロース　５０g
ピーマン　２個
パプリカ　１／２個
たけのこ水煮　６０g

★調味料
オイスターソース　小さじ２
豆板醤　小さじ１／２
にんにくすりおろし　小さじ１／３
しょうがすりおろし　小さじ１／３
ごま油　小さじ１／３
お酒　小さじ１／２
砂糖　小さじ１／４
こしょう　少々

レンジじゃなくても もちろんフライパンでも できるよ！

おわり

6回裏
彩器の炙りサバ味噌煮定食

パッ
ふふふ…
ついに…
ブランドの皿たちが…
揃ってしまった!
これでついにできる…
理想の!
定食!

まずは
この金華鯖！
てんっ
そしてこれは数日前から漬けておいたお漬け物
カパッ
このお味噌は京都からお取り寄せ
へへ
そしてメインの幻の米！
3ヶ月前に予約してようやく手に入った！
噂では旨味、甘み、粘り全て最上級と聞いた…
パパーンッ
これは…最強の布陣だ…

お前たちを…
輝かせる料理を作るからな！
米を炊く
じっくり普通炊きで
ピッ
鯖に沸騰したお湯をかける
ジャー
鍋に味噌、砂糖、醤油酒、しょうがの輪切りを入れる。煮立ったら鯖を入れる
じゅうううぅ

鯖にタレを染み込ませる
じゅわわっ
そして…ここで一手間…
キラーン
ガスバーナーで
あぶる!
ガーッ
バチ
バチ
金華鯖の皮が焦げて香ばしい香りが…

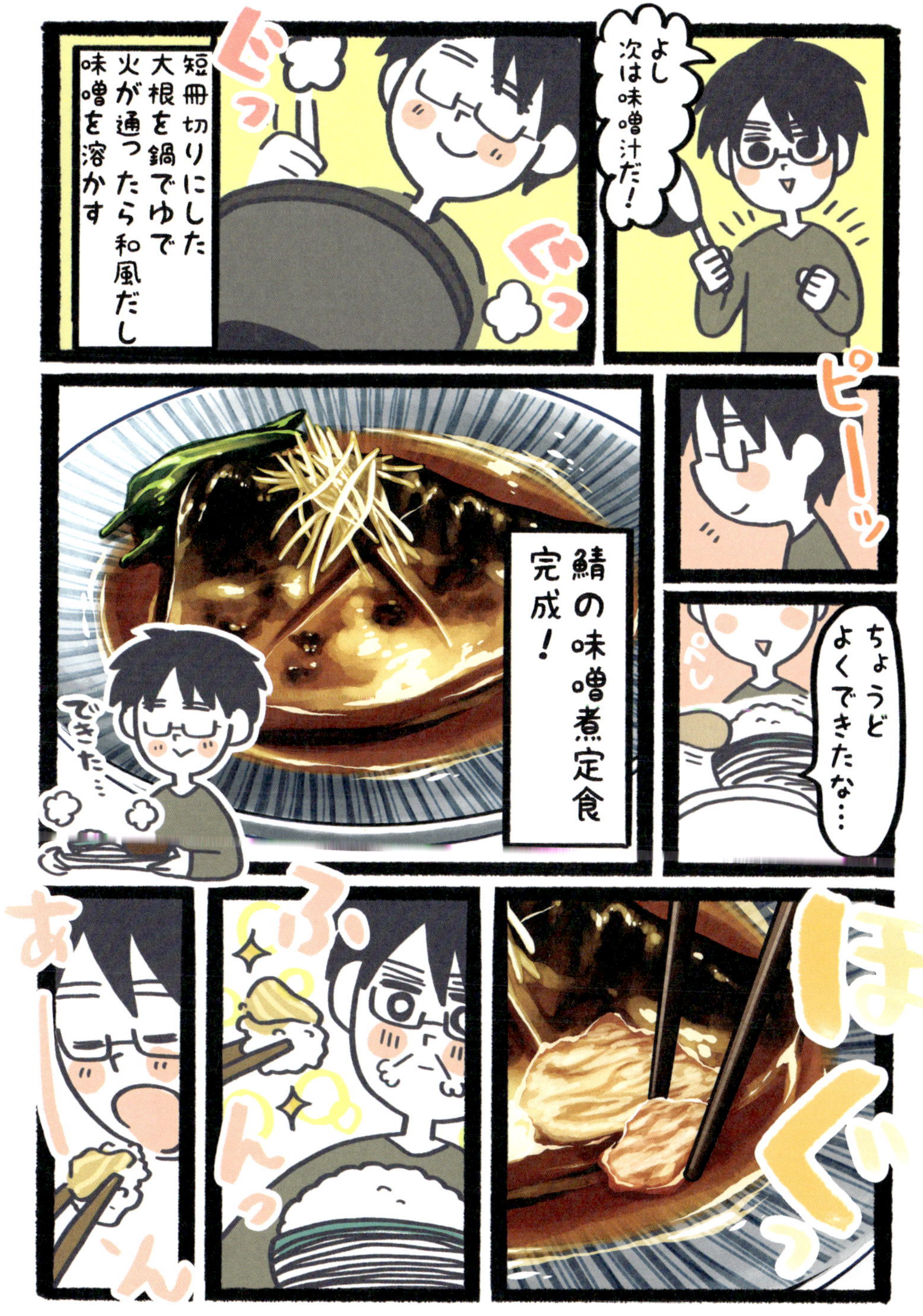

よし 次は味噌汁だ！
短冊切りにした大根を鍋でゆで火が通ったら和風だし味噌を溶かす
ぐつ
ぐつ
ピーーッ
ちょうどよくできたな…
鯖の味噌煮定食完成！
できた…
ほぐっ
ふんっ
あーん

おいしいっ…
鯖の脂と味噌のマッチ度！
そしてさすがに新米！米の甘みと香りが鯖の味噌煮の重さに負けてない！
あぶりも外食じゃ見かけないし俺のナイスな発想だ
ゴクッ
味噌汁はシンプルが一番いいな…
にしても
ほう
この器たちが本当にいい仕事するなあ

1人前材料

鯖　1／2匹
しょうがスライス　3切れ
酒　20cc
砂糖　小さじ2
醤油　小さじ1
味噌　小さじ2

飾り★あれば
ししとう　1本
しょうが細切り　適量

お味噌汁

大根　50g
味噌　大さじ1
和風だし　小さじ1
水　300cc

鯖の味噌煮炙り と 大根のみそ汁

おわり

iiwakegohan

いいわけ
ごはん

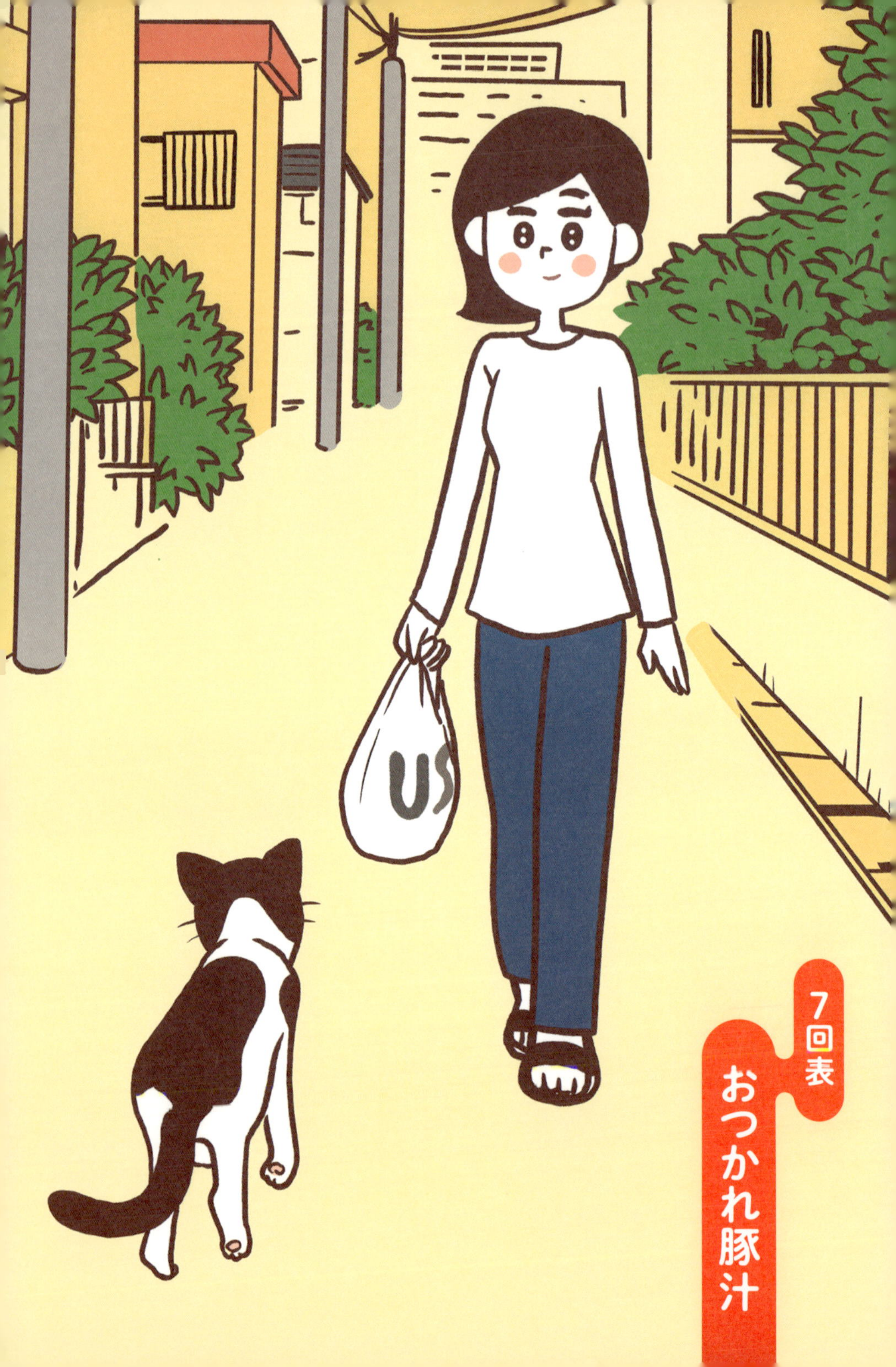

7回表
おつかれ豚汁

ガタン
ガタン
百合ケ丘～
百合ケ丘～
危ない危ない…
降りられないところだった
今日は特に疲れた…
ハァー…
何か食べて…いや帰ろう

ドサッ…
ん……
ぴッ
ボー…
ハッ!
だめだ…ぼーっとしちゃ…
ご飯作らなきゃ…
その前に着がえ…

カパ
へっ
もう具が少ないな…
納豆あったよね
豚汁には卵入れて後は納豆にはねぎ…
って！ねぎがない
え…卵もない…
買いに行きたいけど…もうこんな格好だし
ボサボサ
ボロボロ

うん……
まぁ誰も見てないだろうし
よし行こう
タッ
タッ
480
98
タッ
たまご
ねぎ
タッ
たまご
タッ

ううー
やっぱり恥ずかしい…
ガッ
早く帰ろう!
…このスーパーはいつも品揃えいいよね
にんじんだけであれだけ種類あるもんね
サラダにオススメ
金時にんじん
3本入り200円
みんな大スキ!!
五寸ニンジン
4本入り100円
ジュースにしてみて!!
金美人参
1本130円
ハッ
キョロ
キョロ
いかんいかん…ねぎと卵だ!

あった…
混んでる…
ん？

・・・・
ぷっ・・・・
白い粉…
エプロンも
真っ白…
く…
くくく…

わさび…
納豆にわさびって合うかな？
帰ったらやってみよう…

豚汁

ゴボウやこんにゃくを入れて
ボリュームアップしてもいいよね

1人前材料

豚バラ　50g	水　300cc
人参　1/4本	みりん　小さじ1
大根　1/6本	和風だし　小さじ1/3
しめじ　1/3株	味噌　小さじ2
豆腐　1/4丁	
卵　1個	長ネギ　適量

①豚バラは一口サイズに人参と大根はいちょう切りにする

②豚バラを炒め、火が通ったら大根と人参を軽く炒める

③水を加え、煮立ったらしめじと豆腐を入れアクを取る

④みりん、和風だし、味噌を加えて一煮立ちさせる

おわり

7回裏 やる気だけ蕎麦

カチ
□利用規約に同
ファイルをアップ
宛先
カチ
タ
フゥーーー
データー納品完了…
んっ！一発オッケー？
ポローン
はやっ、もうチェックしたのか…
ボリ
ボリ
嬉しいけど…大丈夫か
まぁ…いいか…

ということは今日の俺はオフ？
キュイーーン
オフなら！
バーーン！！
これが出来る！
やりたい事リスト!!
ん～
これにしよう！
そば打
済
済

実は予行練習はバッチリなんだ…
キュッ
さぁやるか！
コト
準備OK!!
そば作り！
よしよし
一発でうまくできたら蕎麦屋開業できちゃうかもな～
あははは
こーね
こーね
こーね

んへっっ？
ボロ…
水を足すか…
ベチョ〜
今度はべちゃべちゃに…
完成イメージ…
現実…
やり直しだな…
ガクッ
やり直しだ！
ダメだー
……
どん！

！
バーン
苦節六時間…
後は切ってゆでるだけ！
るっ
あ、ゆでる前に薬味用意しておくか
ん！
んん？
パカ
わさび…ない
ねぎ…ない
え、嘘だろ…
薬味がないとそばが完成しない！
んぎぎぎ

後はゆでるだけなのに！
ガチャッ
コっっっ
粉っっ
あ～もういいや！
ドタ
ドタ
さっさと買って帰ろう…

アルバイト
募集
あ…
この人…
いつも急いで
いる人だ…
たまご…
たまご…
なんか配置変わった？
あれ…
いつも…普段と違うな…
キリッ
プッ…

あ…
おろし器あったかな…
あったあった

1人前材料

そば粉　70g	めんつゆ　適量
強力粉　30g	
水　50cc	わさび　適量
打ち粉（強力粉）　適量	ねぎ　適量

①そば粉と強力粉をふるいにかけ、水を半量入れる

②水を3回に分けて入れてよく混ぜる

③たっぷりと打ち粉をして生地を伸ばしていく

④3つ折りにして包丁で細く切る

⑤沸騰したお湯で2分ゆでる

もりそば

おわり

最終回 スーパーUSA

ネギって入れづらいよね…
ぐぃ
ぐぃ
あっ
え
あ…そのエコバッグ便利だなって
ネギって入れにくいから
ああ…これ自分で作ったんです
あはは

え！すごい！
いやいや
ただの趣味なので
というかお互い
ネギを買ったんですね
あ、そうなんです
買い忘れちゃって
僕もそばを
打ってたんですが
ネギを買い忘れてて
ウィー
えっ
ご自分で
打ったんですか？
すごいっ

私は豚汁に入れたくて…
あ、僕も豚汁好きです
お蕎麦おいしく食べれるといいですね
あはは豚汁も
では
おいしいごはんを食べたいと思えば
また必ずや 二人は会うでしょう…ね

iiwakegohan

いいわけごはん

2019年1月31日　第1刷発行

著者　杏耶《あや》

発行人　石原正康

発行元　株式会社　幻冬舎コミックス
〒151-0051
東京都渋谷区千駄ヶ谷4-9-7
電話　03(5411)6431(編集)

発売元　株式会社　幻冬舎
〒151-0051
東京都渋谷区千駄ヶ谷4-9-7
電話　03(5411)6222(営業)
振替　00120-8-767643

印刷・製本所　大日本印刷株式会社

検印廃止

ISBN978-4-344-84231-1　C0095　Printed in Japan
幻冬舎コミックスホームページ　http://www.gentosha-comics.net

〈初出〉
1回表～3回裏（『たそがれ食堂』vol.7、vol.9、vol.10）
4回表～最終回（単行本描き下ろし）